Bibliothèque du premier âge.

LE
PETIT BAZAR EN IMAGES.

ALPHABET.

Ouvrages du même format

PUBLIÉS

CHEZ AMÉDÉE BÉDELET, LIBRAIRE,

20, rue des Grands-Augustins.

LIVRE DES PETITS GARÇONS.

JEUX DE LA POUPÉE.

JEUX ET EXERCICES DES PETITES FILLES.

PETIT MAGASIN DES ENFANTS.

CHOIX DE FABLES DE LA FONTAINE.

FREDAINES D'UN SINGE ET DAME TROTTE.

GULLIVER DES ENFANTS.

ROBINSON DES ENFANTS.

ANIMAUX INDUSTRIEUX.

FRIDOLIN, HISTORIETTE.

LE JARDIN DES PLANTES.

Paris.— Imp. SCHNEIDER et LANGRAND, rue d'Erfurth, '.

LE PETIT

BAZAR EN IMAGES.

ALPHABET

AVEC

EXERCICES DE LECTURE GRADUÉS.

Ouvrage orné de beaucoup de gravures.

PARIS,

AMÉDÉE BÉDELET, LIBRAIRE,

20, rue des Grands-Augustins.

1843

LE
PETIT BAZAR EN IMAGES.

Premier Alphabet.

LETTRES MAJUSCULES.

A B C D E F

G H I J K L

M N O P Q R

S T U V X Y

Z Æ OE W &

LE PETIT BAZAR

Deuxième Alphabet.

LETTRES MINUSCULES.

a b c d e f g h
i j k l m n o p
q r s t u v x y
z æ œ w

CHIFFRES ARABES.

1 2 3 4 5 6 7 8 9 10

CHIFFRES ROMAINS.

I II III IV V VI VII
VIII IX X

Troisième Alphabet.

LETTRES ITALIQUES.

*A B C D E F G H
I J K L M N O P
Q R S T U V X Y
Z Æ OE W*

VOYELLES.

a e i o u y

CONSONNES.

b c d f g h j k l m
n p q r s t v x z

LE PETIT BAZAR

Quatrième Alphabet.

LETTRES DE RONDE.

a b c d e f g

h i j k l m

n o p q r s

t u v x y z

œ œ w

Cinquième Alphabet.

LETTRES MAJUSCULES ANGLAISES.

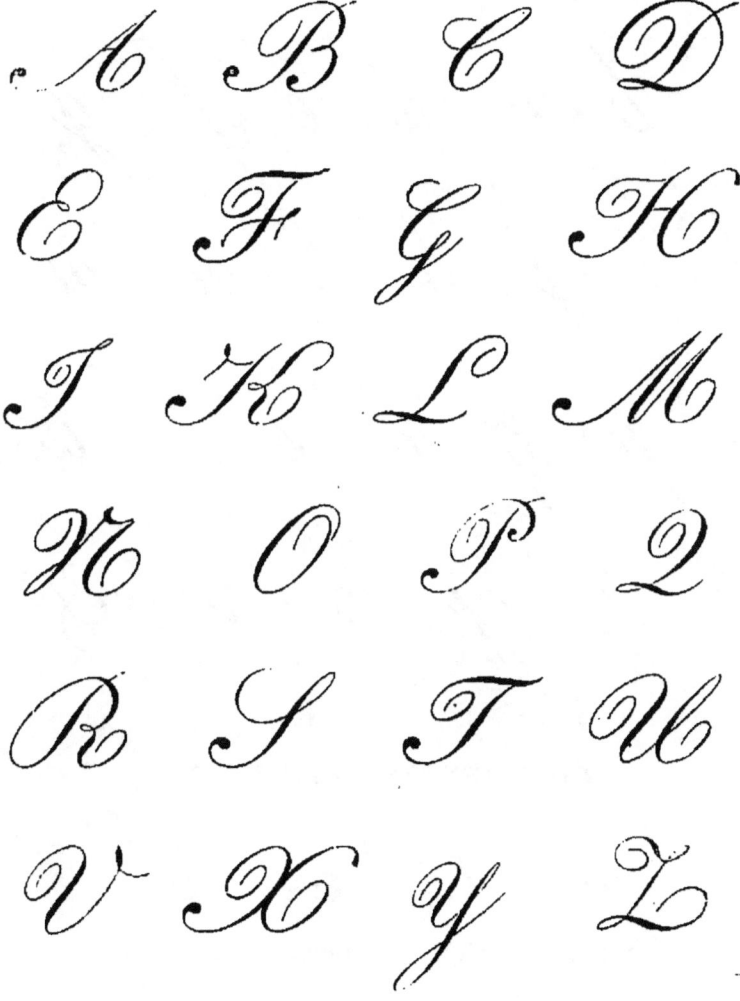

LE PETIT BAZAR

Sixième Alphabet.

LETTRES MINUSCULES ANGLAISES.

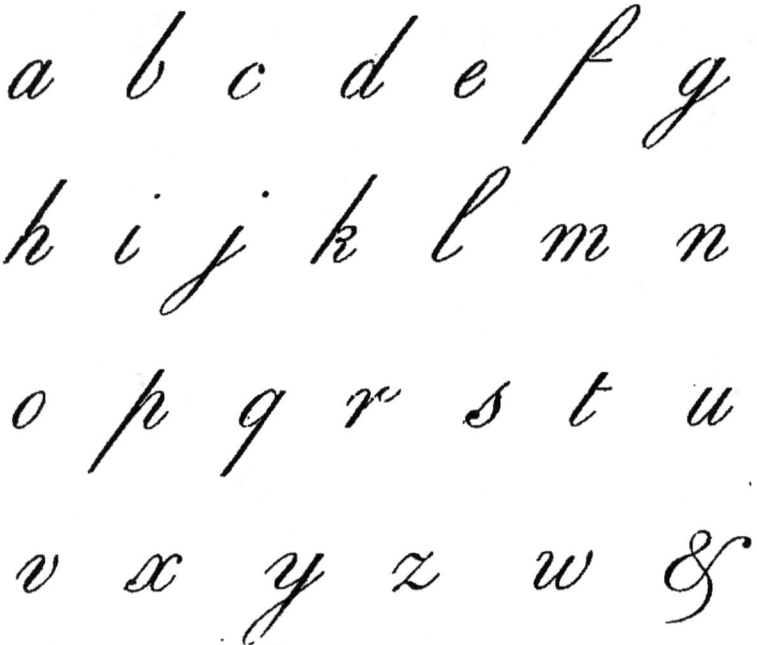

DIFFÉRENTES SORTES D'É.

e   é   è   ê

muet.   aigu.   grave.   ouvert.

EN IMAGES.

EXERCICES.

—

1ᵉʳ Exercice.

ba	be	bi	bo	bu
ca	ce	ci	ço	çu
da	de	di	do	du
fa	fe	fi	fo	fu
ga	ge	gi	go	gu
ha	he	hi	ho	hu
ja	je	ji	jo	ju

la	le	li	lo	lu
ma	me	mi	mo	mu
na	ne	ni	no	nu
pa	pe	pi	po	pu
ra	re	ri	ro	ru
sa	se	si	so	su
ta	te	ti	to	tu
va	ve	vi	vo	vu
xa	xe	xi	xo	xu

2ᵉ Exercice.

af	fa	ag	ga	ak	ka	al	la
ek	ke	el	le	em	me	en	ne
if	fi	ig	gi	ik	ki	il	li
ok	ko	ol	lo	om	mo	on	no
uf	fu	ug	gu	uk	ku	ul	lu
ap	pa	ar	ra	as	sa	at	ta
es	se	et	te	ev	ve	ez	ze
ip	pi	ir	ri	is	si	it	ti
os	so	ot	to	ov	vo	oz	zo
up	pu	ur	ru	us	su	ut	tu

3ᵉ Exercice.

bas, main, dé, cou, œil, yeux, doigt, pain.

pou-pée, bon-net, cha-peau, plu-me,
voi-le, ru-ban, che-veux, mou-choir,
ba-gue, bou-cle, man-che, bi-jou.

ta-bli-er, é-char-pe, bro-de-quin,
sou-li-er, man-chet-tes, cein-tu-re,
col-li-er, bra-ce-let, ro-set-te.

gar-ni-tu-re, pé-le-ri-ne, col-le-ret-te
ca-mi-so-le, ca-che-mi-re,
pa-la-ti-ne.

LA RÉCOMPENSE.

Si la petite Camille est bien gentille, sa maman lui donnera une belle poupée qui aura une robe de satin rose, une écharpe de dentelle, une plume à son chapeau, une chaîne d'or à son cou et une ombrelle à la main. Elle aura pour tous les jours un tablier à volant et des bonnets tout garnis de rubans.

4ᵉ Exercice.

fu-sil, lan-ce, cas-que, sa-bre, che-val, sel-le, bri-de, har-nais, tam-bour, plu-met, pou-dre, pom-pon.

é-ten-dard, pis-to-let, trom-pet-te, bau-dri-er, é-pe-ron, é-pé-e, gi-ber-ne, car-tou-che, ba-tail-le.

of-fi-ci-er, ca-va-li-er, ca-pi-tai-ne, é-pau-let-te, sen-ti-nel-le, ca-non-ni-er, al-gé-ri-en.

corps de garde, sergent-major.

qui vive? en joue, feu!

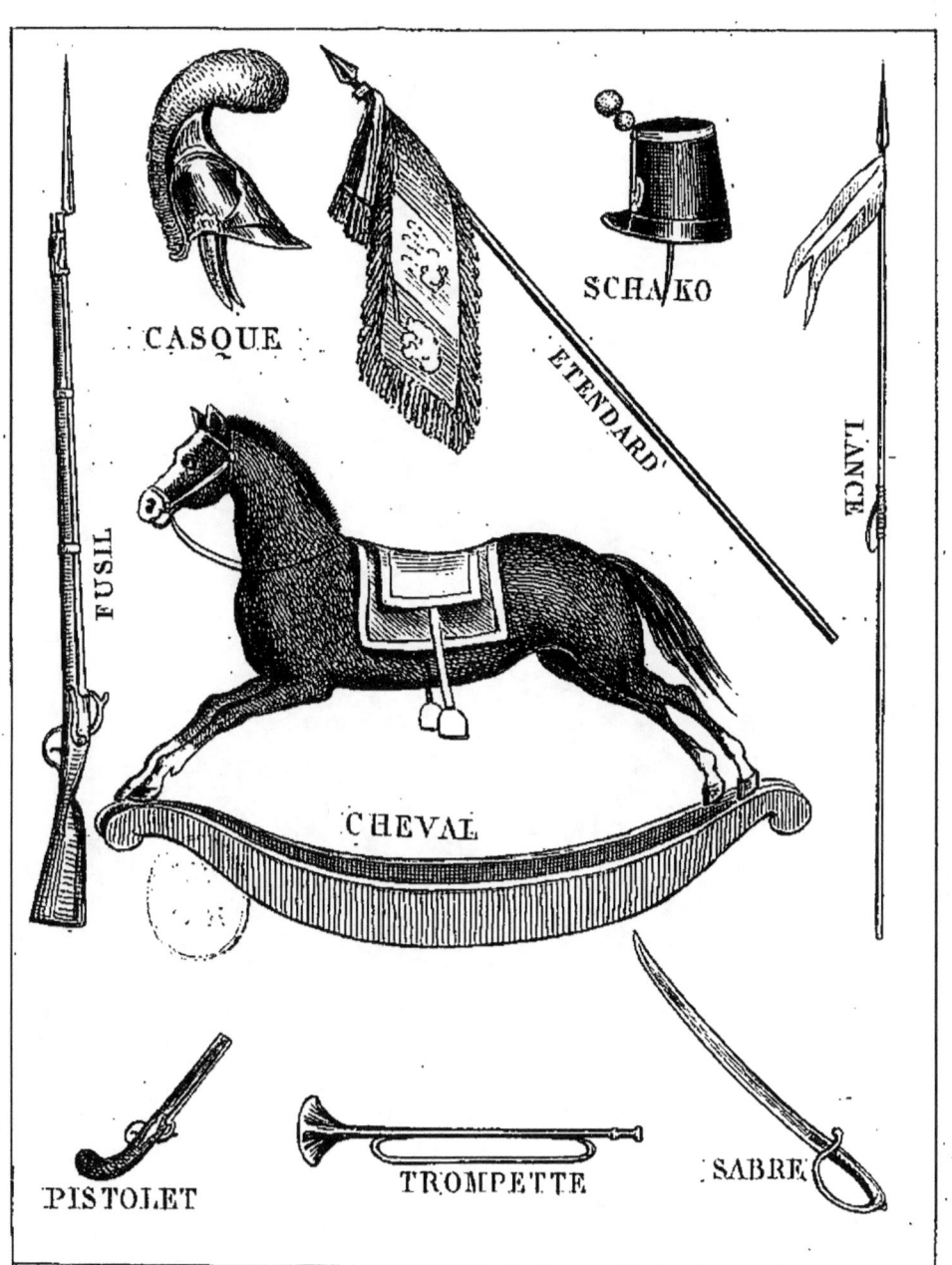

LA RÉCRÉATION.

Quand le petit Alfred est bien sage, son papa le conduit au Luxembourg; il voit les soldats faire l'exercice. On lui a acheté un fusil, un sabre et une giberne; il porte les armes et fait aussi la manœuvre à cheval. Alfred n'est pas poltron, aussi quand il sera grand, il deviendra général.

5ᵉ Exercice.

fleurs, fruits, blé, pré, râteau, pelle, bêche, pommes, poires, raisin, jardin, gazon, rose, pavot, brouette, serpette, arrosoir, faucille, abricots, groseilles, cerisier, marguerite, renoncule, oreille-d'ours, gueule-de-loup, laurier-rose, jasmin d'Espagne, bouquet de fleurs, corbeille de fruits, gerbe de blé, meule de foin, saule pleureur au bord de l'eau, allée de peupliers qui conduit au château.

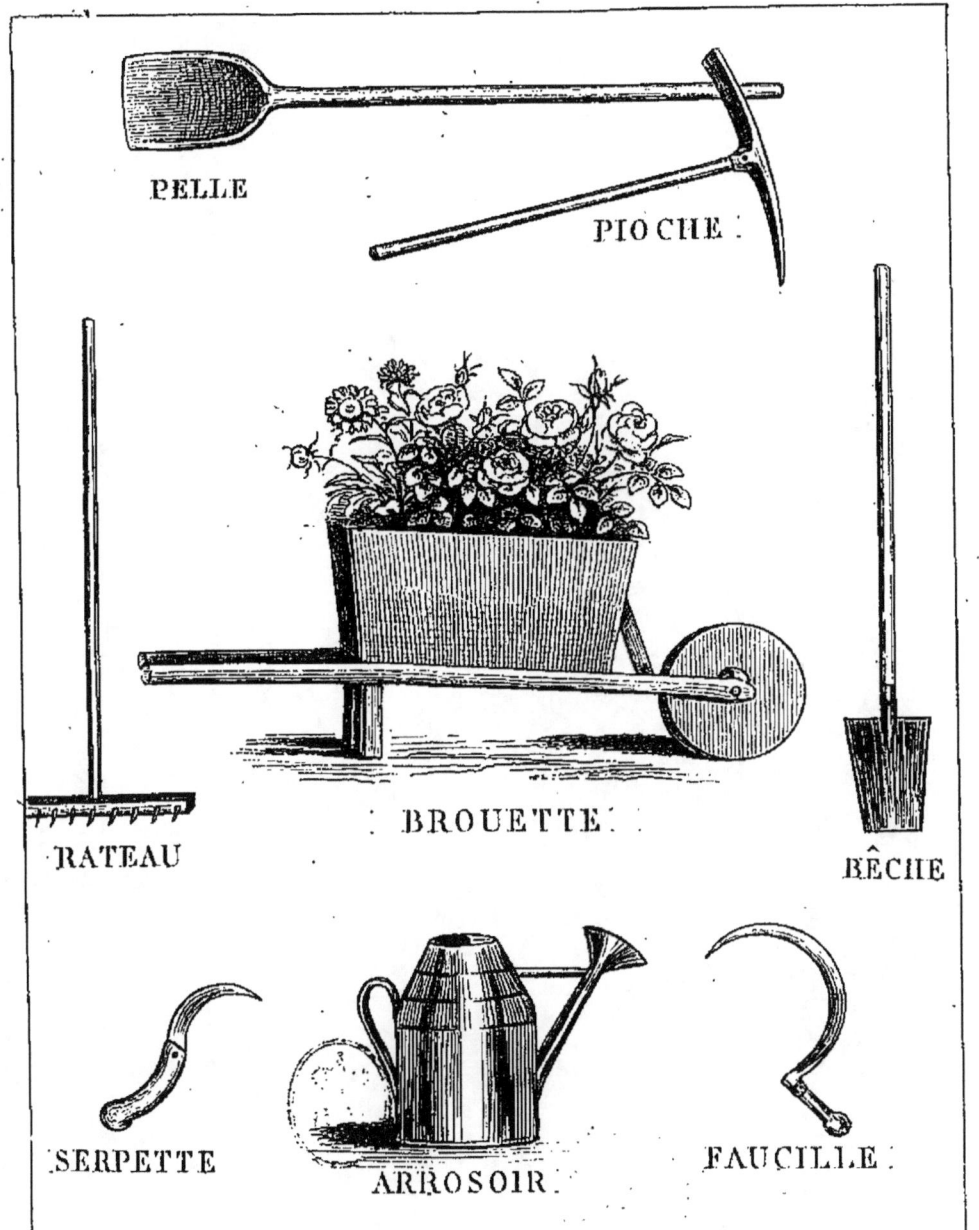

LA FÊTE DE LA MAMAN.

C'était aujourd'hui la fête de la maman de Camille et d'Alfred. Ils ont été tous deux cueillir les plus belles fleurs de leur jardin pour lui offrir un bouquet. Camille avait fait un joli coussin en tapisserie, Alfred avait appris une fable par cœur. La maman a été si contente de ses deux enfants chéris, qu'elle leur a permis d'inviter leurs petits amis pour jouer toute la journée. Ils se sont bien divertis; les petites filles ont habillé la poupée, les petits garçons ont joué au militaire; puis leur bonne ayant fait de grandes tartes aux cerises, tous se sont assis sur l'herbe et les ont mangées de bon appétit.

6ᵉ Exercice.

balle, toupie, volant, cornet, sabot, ballon, corde, cerceau, raquette, bilboquet, cerf-volant, baguenaudier, polichinelle, quille, jeu de grâces, balançoire, lanterne magique, magasin de joujoux pour les enfants sages, poupée avec son beau trousseau, qui fera dodo dans un beau lit, magicien faisant des tours, coiffé d'un grand bonnet pointu, qui donne des pralines aux bons enfants et des verges aux désobéissants.

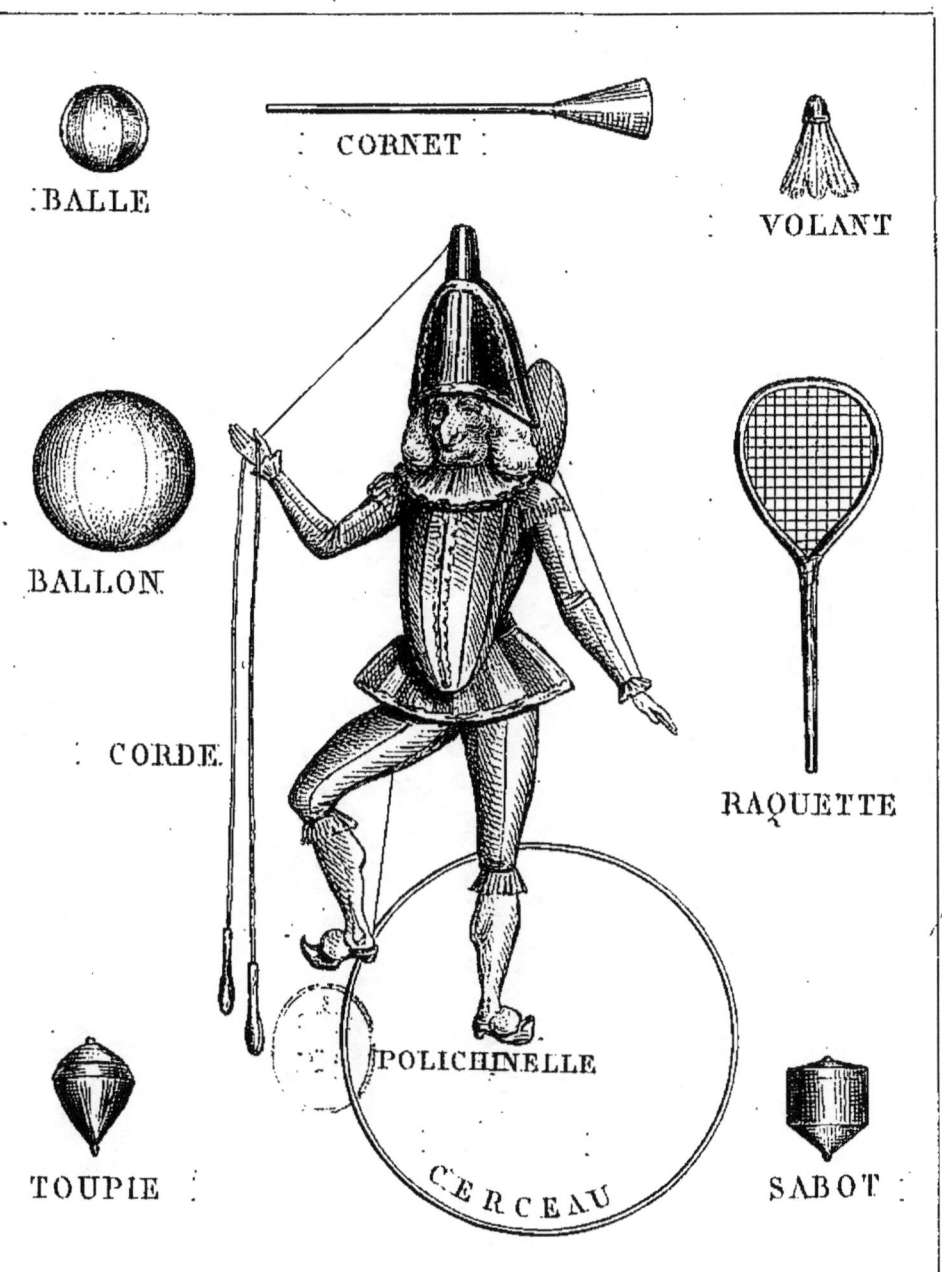

VISITE AU MAGASIN DE JOUJOUX.

Vous êtes bien heureux, mes petits enfants, que vos parents vous donnent de si belles choses. Pendant que vous étiez dans le grand magasin où il y avait tant de jolis joujoux, de pauvres petits malheureux vous regardaient à la porte; ils grelottaient de froid, ils n'avaient pas soupé. Ils n'enviaient pas les présents dont on vous comblait, mais seulement le plus mauvais de vos habits que vous ne voulez plus mettre, et le morceau de pain que vous perdez, que vous allez cacher dans un coin, quand vous avez mangé les confitures.

ÉDUCATION DE LA POUPÉE.

La veille du jour de l'an, Camille avait passé la soirée chez sa bonne maman ; elle revenait chargée de jolis présents et si heureuse, que, bien qu'il fût minuit, elle n'avait point sommeil. Sa joie n'eut plus de bornes, lorsqu'en entrant dans sa chambre elle y trouva une grande poupée si richement habillée, qu'elle ne s'en approcha presque qu'avec respect. Oh! merci, bonne mère, dit-elle à madame C..... Ce sera ma fille, elle couchera près de moi et je lui donnerai ses leçons. Bien, dit la maman, mais il faudra d'abord lui donner l'exemple de l'ordre, du travail et de l'obéissance.

Le lendemain, Camille dit à sa poupée : Allons, Clémence, fais ta prière, puis je t'habillerai et nous irons faire des visites. J'espère que tu feras bien la révérence.

Clémence fut ce jour-là très-docile parce que la promenade lui plaisait; mais le lendemain, au lieu d'étudier, elle s'amusa à griffonner des bonshommes sur ses cahiers et laissa ses effets en désordre ; sa petite maman lui déclara qu'elle resterait à la maison pour réparer le temps perdu.

Eh bien! ma fille, dit madame C...., tu comprends donc que lorsque tu fais mal, ma sévérité est juste. En jouant avec cette poupée, à laquelle tu prêtes tes actions, apprends à être sage toi-même.

ALFRED L'INDOCILE.

Prenez garde, Alfred, n'allez point jouer près du bassin! Non, maman, bien sûr, dit en s'enfuyant l'étourdi, heureux d'échapper une heure à l'étude; non qu'il fût paresseux, c'est un si vilain défaut!

Dominique, n'as-tu point quelque abricot, quelques pêches pour mon goûter? dit-il au jardinier trop complaisant pour lui. Oui, monsieur Alfred, et encore un petit batelet que je viens de construire pour vous. Tu es bien bon, Dominique; viens avec moi, nous le ferons voguer sur le bassin.

Le jardinier suivit l'enfant ; puis comme ses fruits et ses fleurs réclamaient ses soins, il le laissa s'amuser seul du nouveau joujou. Alfred se reprochait bien de désobéir ainsi à sa mère ; mais la petite voile s'enflait si gentiment au vent ! Bientôt, pourtant, le batelet s'éloigna du bord ; il veut le retenir, étend le bras, le pied lui glisse, il tombe dans l'eau !

La bonne mère, soucieuse et craintive, l'avait suivi de loin ; à ses cris on s'empresse, on retire l'enfant qui semble presque mourant. Il est au lit depuis ce temps avec une grosse fièvre ; mais bien guéri, je l'espère, de son indocilité.

LA COMPLAISANCE.

Je ne vois rien de plus aimable que deux enfants qui se prêtent mutuellement à leurs amusements avec grâce et sans exigence.

Albert, un peu plus âgé que sa sœur Gabrielle, usait de la supériorité que lui donnait sa taille pour l'asservir à tous ses caprices. Les jeux bruyants étaient seuls de son goût. La pauvre petite, qui eût pourtant mieux aimé habiller sa poupée et façonner des petits vêtements, était obligée de marcher au pas au com-

mandement d'Albert et d'espadonner avec lui.

Il est vrai qu'elle avait bonne grâce à tenir son fusil ; et sa physionomie douce contrastait singulièrement avec la tenue cavalière qu'il lui fallait affecter. Peu à peu, ces jeux qu'elle n'aimait point finirent par altérer ses manières gracieuses ; parlait-elle à ses cousines, elle leur criait : En avant, marche ! alignement ! par file à droite ! etc.

Petite sœur, ne consentez jamais à sortir de la douceur et de la réserve qui sied si bien aux jeunes filles ; et vous, jeune garçon, qui la tyrannisez, vous lui devrez peut-être, un jour, servir de protecteur et d'appui.

LES BONS PETITS ENFANTS.

C'est Dieu qui vous donne tout, mes petits enfants; et l'on vous a appris qu'il est votre Père dans les cieux. Or, il faut le prier et le remercier chaque jour.

Gustave et Céline avaient une mère pieuse, qui leur avait enseigné ces choses. Ils savaient bien que Dieu avait sans cesse les yeux sur leurs actions, aussi ils étaient toujours sages et soumis.

Un jour qu'ils avaient porté leur goûter au jardin, ils se disposaient à se le partager, après avoir dit le

Benedicite, lorsqu'ils virent de loin une pauvre femme qui semblait revenir tristement de la ferme, où elle avait été en vain demander quelques secours. O Gustave! dit Céline, Marianne aura, bien sûr, renvoyé cette femme durement. Courons vite lui offrir nos gâteaux et nos fruits. Et l'ayant jointe, ils lui dirent : Tenez, la mère, nous avons peu de chose, mais prenez, et priez Dieu pour notre chère maman.

Celle-ci avait tout vu, tout entendu; elle embrassa tendrement ses petits enfants, en se félicitant de les voir doués d'un aussi bon cœur.

LA PRÉDILECTION.

Papa, disait Juliette, Adolphe dit toujours du mal de ma perruche; elle est pourtant bien aimable et parle à merveille.

— Moi, j'aime mieux mon chien; ta perruche est une criarde, et puis les chiens sont de bonnes bêtes : n'est-ce pas, papa?

— Il ne faut pas vous disputer ainsi pour cela, mes enfants. Mais, n'en déplaise à Juliette, je donnerai, comme Adolphe, la préférence au chien. Ta

perruche, ma bonne fille, est un être
inutile, doué d'une facilité à imiter la
voix et les paroles, sans en comprendre
le sens, et dont l'affection est aussi très-
bornée. Mais le chien est l'ami de l'homme,
auquel il rend chaque jour mille services. C'est lui qui veille pour nous la
nuit, qui sait, au commandement du
berger, à son geste seul, rassembler le
troupeau vagabond. Il lui est fidèle jusqu'à la mort ; vous connaissez bien tous
deux l'histoire de Muphti?

Il y a au mont Saint-Bernard une belle
et bonne race de chiens, qui savent dé-
couvrir les voyageurs égarés que le froid
et la faim ont fait tomber évanouis dans

la neige. Muni d'une gourde remplie de vin suspendue à son cou, le secourable animal leur offre d'abord cette boisson réconfortable, puis les guide vers la porte du couvent. De bons religieux recueillent l'étranger, qui devient l'objet des plus charitables soins, et peut ensuite continuer sa route sans qu'on exige de lui aucune rétribution.

PRIÈRES.

Au nom du Père et du Fils et du Saint-Esprit. Ainsi soit-il.

L'ORAISON DOMINICALE.

Notre Père, qui êtes dans les cieux, que votre nom soit sanctifié ; que votre règne arrive ; que votre volonté soit faite en la terre comme au ciel. Donnez-nous aujourd'hui notre pain quotidien ; et pardonnez-nous nos offenses comme nous pardonnons à ceux qui nous ont offensés ; et ne nous laissez point succomber à la tentation ; mais délivrez-nous du mal. Ainsi soit-il.

LA SALUTATION ANGÉLIQUE.

Je vous salue, Marie, pleine de grâce : le Seigneur est avec vous ; vous êtes bénie entre toutes les femmes, et Jésus, le fruit de vos entrailles, est béni.

Sainte Marie, mère de Dieu, priez pour nous, pauvres pécheurs, maintenant et à l'heure de notre mort. Ainsi-soit-il.

Il y a bien longtemps, bien longtemps, mes petits enfants, quand Dieu eut créé le ciel et la terre, le soleil, la lune, les animaux et les plantes, il créa le premier homme, qu'il nomma Adam, et lui donna une compagne, qu'il appela Ève. Il les plaça dans un magnifique jardin, tout rempli de belles fleurs et de beaux fruits, et leur permit de cueillir et de goûter de tous, excepté d'un seul, qu'il leur montra. Mais ils furent curieux et gourmands; et Dieu, en punition de leur désobéissance, les chassa du beau jardin, appelé le Paradis terrestre.

Nous sommes tous les enfants d'Adam et d'Ève. Nous serions bien heureux dans cette demeure, qu'ils ont perdue. Mais, si nous sommes bien bons, bien charitables, nous irons plus tard dans un autre beau Paradis.

Les hommes étaient bien malheureux après cette disgrâce. Dieu, qui ne voulait pas les punir pour toujours, leur envoya son Fils unique, pour les consoler, et pour leur enseigner comment ils pouvaient mériter leur pardon. Le Fils unique de Dieu se nomme Jésus-Christ; et ce fut lui qui nous apprit la première prière que vous venez de réciter. La mère de Jésus-Christ est la sainte Vierge Marie, qu'il faut aimer aussi beaucoup. Elle est votre protectrice à vous, petits enfants ; et c'est à elle que vous vous adressez, lorsque vous dites : *Je vous salue, Marie.*

LE CHIEN.

Le Chien est un animal domestique, ainsi nommé, soit parce qu'il sert l'homme en gardant sa demeure ou ses troupeaux, soit en l'aidant à chasser le gibier dont il se nourrit. Il est de tous les animaux le plus susceptible d'attachement pour son maître.

LE CERF.

Le Cerf, habitant des forêts, vit d'herbes et d'écorces. Ses cornes sont un bois qui tombe et se refait au printemps : il compte chaque année un rameau de plus. La chasse au Cerf est le plaisir des princes. Le Cerf brame. C'est ainsi qu'on appelle le cri de cet animal.

LE RENNE.

Cet animal vit principalement en Laponie. Il peut être considéré comme une richesse pour les habitants de cette contrée, auxquels il rend mille services. On l'attelle aux traîneaux, qu'il entraîne avec rapidité sur la neige et les glaces. La femelle du Renne donne de très-bon lait, dont les Lapons se nourrissent.

LE ZÈBRE.

A la légèreté du Cerf, le Zèbre joint la structure et les grâces du cheval ; cependant il tient également un peu de l'Ane, et porte vulgairement le nom d'*Ane rayé*. Il se trouve dans les parties méridionales de l'Afrique. Il est très-rétif et difficile à dompter.

LE LION.

Ce superbe et terrible quadrupède a toujours été nommé par les poëtes le roi des animaux. L'Éléphant, le Rhinocéros et le Tigre sont les seuls qui puissent lui résister, mais non le vaincre. A la force il joint la générosité, et ne tue que pour satisfaire sa faim. Son cri est effrayant, et se nomme rugissement.

LE TIGRE.

Cet animal, le plus féroce de tous les quadrupèdes carnassiers, tue pour le seul plaisir de détruire. Il est aussi fort que le Lion, qu'il surpasse pour la rapidité de la course. Il y a différentes espèces de Tigres, en Asie, en Afrique et en Amérique.

LE LÉOPARD.

Le Léopard tient beaucoup du Tigre par la forme du corps et les habitudes féroces. Son pelage est d'un fauve doré, semé de taches noires veloutées. Le Tigre, le Léopard, la Panthère et le Jaguar ont de grands rapports entre eux, et rappellent par leur souplesse et leur mine perfide celles du Chat, dont ils sont une variété.

L'HYÈNE.

L'Hyène est aussi un animal carnassier commun aux contrées de l'Afrique. Elle cherche à surprendre les troupeaux, et, la nuit, pénètre souvent jusqu'au milieu des villes. Lorsque la faim l'y pousse, elle fouille la terre avec ses ongles, et en tire des cadavres, dont elle se repaît.

L'OURS BLANC.

Cet Ours du Nord, absolument différent des Ours de montagne, vit sur les bords de la mer Glaciale. Il est souvent hostile à l'homme; mais sa nourriture ordinaire est le poisson qu'il poursuit au milieu des glaçons.

L'AUTRUCHE.

L'Autruche est le plus grand des oiseaux ; mais ses ailes sont si courtes, qu'elles ne peuvent soutenir l'animal dans les airs ; mais aussi sa course est si rapide, qu'elle devance les chevaux les plus légers. Les plumes d'Autruche servent à la parure des dames.

EN IMAGES.

Quand les petits enfants seront bien sages,
leurs parents leur donneront tous ces jolis petits livres.

BIBLIOTHÈQUE DU PREMIER AGE.

Le Livre des Petits Garçons.

Le Petit Magasin des Enfants.

Les Jeux de la Poupée.

Galerie des Animaux industrieux.

Fridolin, historiette.

Robinson Crusoé.

LE PETIT BAZAR EN IMAGES.

Choix de Fables de la Fontaine.

Jeux et Exercices des Petites Filles.

Gulliver des Enfants.

Promenades au Jardin des Plantes.

Fredaines d'un Singe, suivies de Dame Trotte et sa Chatte.

FIN.

LIBRAIRIE D'AMÉDÉE BÉDELET,

Rue des Grands-Augustins, 20.

OUVRAGES INSTRUCTIFS ET AMUSANTS ORNÉS DE BEAUCOUP DE GRAVURES ET DESTINÉS AUX JEUNES ENFANTS.

Nouvel album des enfants, Alphabets en différents caractères, avec exercices de lecture gradués ; Contes et Historiettes traduits de l'anglais et de l'allemand ; Fables de la Fontaine, Histoire des animaux, Contes des fées, etc. Gravures sur acier, coloriées ; gravures sur bois. 1 magnifique vol. in-4°, cartonné élégamment, avec une riche couverture arabesque. Prix : . 8

Histoire naturelle des oiseaux (*Musée du naturaliste*). 1 volume in-8° oblong, illustré de 16 gravures sur acier, représentant un grand nombre d'oiseaux soigneusement coloriés, cartonné élégamment. 6 50

Le même, avec les gravures noires . . . . . . 4 »

Histoire naturelle des Papillons (*Musée du naturaliste*). 1 volume in-8° oblong, illustré de 14 planches gravées sur acier, représentant un grand nombre de papillons soigneusement coloriés, cartonné élégamment. 6 50

Le même, figures noires. . . . . 4 »

Alphabet des enfants bien sages, avec exercices de lecture gradués, ouvrage in-16 orné de jolies gravures coloriées, cartonné élégamment. . . . . . 2 »

Le même, avec les gravures en noir. 1 25

Alphabet des petits grotesques, Syllabaire joujou ; 25 gravures soigneusement coloriées. Format in-48, cartonné élégamment. . . . . 1 »

Le même, avec les gravures en noir, cartonné. . » 75

Aventures de Bob l'Écureuil représentées par un grand nombre de gravures soigneusement coloriées, avec texte traduit de l'anglais. Joli volume miniature in-48, cartonné très-élégamment. . . . . . 1 »

Le même, avec les gravures en noir. . . . . . » 75

Syllabaire du petit naturaliste. 1 volume in-16 composé de 48 pages de gravures et de 16 pages de texte, cartonné, avec les gravures coloriées. . . . 2 »
    Le même, avec les gravures en noir. 1 25

La Ménagerie du Jardin des Plantes, choix de quadrupèdes les plus variés, disposés dans un ordre alphabétique, 25 gravures coloriées, avec syllabaire et exercices de lecture gradués. Joli volume in-18, cartonné élégamment. 1 75
    Le même, avec les gravures en noir. 1 25

Les Jeux de l'enfance, Alphabet des récréations, 25 gravures soigneusement coloriées, avec syllabaire et exercices de lecture gradués. Joli volume in-18, cartonné élégamment. 1 75
    Le même, avec les gravures en noir. 1 25

Militaires en action, 25 gravures soigneusement coloriées, disposées dans un ordre alphabétique, avec syllabaire et exercices de lecture gradués. Joli volume in-18, cartonné élégamment. 1 75
    Le même, avec les gravures en noir. 1 25

Alphabet du voyageur, 25 gravures coloriées, disposées dans un ordre alphabétique, et représentant les costumes des différentes nations, avec syllabaire et exercices de lecture gradués. Joli volume in-18, cartonné élégamment 1 75
    Le même, avec les gravures en noir. 1 25

La Flore alphabétique, 25 gravures coloriées représentant les plus jolies fleurs, disposées dans un ordre alphabétique, avec syllabaire et exercices de lecture gradués. Joli volume in-18, cartonné élégamment. 1 75
    Le même, avec les gravures en noir. 1 25

Costumes historiques des dames françaises, depuis les Gaulois jusqu'à nos jours, 24 gravures fidèlement exécutées et coloriées avec soin, renfermées dans un carton en forme de volume in-18 . . . . 1 75

Travestissements de société; choix de costumes de caractères les plus nouveaux (*pour dames*), 25 gravures coloriées avec le plus grand soin, renfermées dans un carton en forme de volume in-18. . . . . 1 75

Les petites Chasses, représentées en gravures, accompagnées de leur description et de notions sur l'histoire naturelle. 1 volume in-16 oblong, orné de 13 gravures coloriées, cartonné. 2 50
    Le même, avec les gravures en noir. . . . . . 2 »

LIVRES D'ASSORTIMENT EN NOMBRE.

L'Imitation de Jésus-Christ. Edition nouvelle, PUBLIÉE PAR M. CURMER, traduction de M. l'abbé Dassance, approuvée par Monseigneur l'archevêque de Paris et dédiée à N. S. P. le Pape. 1 fort volume grand in-8°, texte encadré dans des ornements variés à chaque page, et orné de 10 belles gravures sur acier et d'un frontispice colorié. . . . . 20 »

<small>N. B. J'ai acquis un grand nombre d'exemplaires de ce livre, je puis l'offrir broché aux mêmes conditions que l'éditeur, et j'en ai toujours un assortiment en reliures variées à des prix avantageux.</small>

L'Imitation de Jésus-Christ, traduction de M. DE LAMENNAIS, édition *Belin-Mandar*. 1 fort vol. in-18, beau papier vélin, orné de jolies gravures, broché. . 4 »
    La même, reliée en mouton, en veau et en maroq.

Histoire de l'Ancien et du Nouveau Testament, imitée de Schmid, par J. Derome, officier de l'université, précédée d'une introduction par M. l'abbé Deguerry. Ouvrage approuvé par Monseigneur de Quélen, archevêque de Paris. 2 volumes grand in-8°, ornés de 60 gravures, brochés. . . . . 12 »
    Les 2 tomes reliés en un seul volume, en demi-maroquin, tranche jaspée. . . . . 15 »

Les Galeries de Versailles, histoire de France en action, représentée par 125 tableaux et les 74 portraits des rois de France, avec texte explicatif résumant la chronologie des rois de France, le tableau abrégé des progrès, inventions, découvertes, monuments, hommes illustres qui ont marqué leur règne, le détail des événements et faits remarquables de notre histoire depuis les Romains jusqu'à nos jours. 1 vol. petit in-8°, cartonné élégamment. . . 6
    Le même ouvrage, avec les gravures soigneusement coloriées, cartonné, tranche dorée 12

Soirées d'automne, ou Nouvelle morale en action, par MM. Vaillant et de Limours. 1 vol. grand in-8° illustré de 37 lithographies à deux teintes, et d'un grand nombre de gravures sur bois, broché . . . . 7 »
    Cartonné, avec une jolie couverture. 8 50

Le Panthéon de la jeunesse, Vies des Enfants célèbres. 2 vol. in-8° illustrés d'un grand nombre de gravures 8 50
    Cartonné élégamment . . . . 10 »
    <small>Chaque volume se vend séparément.</small>

Œuvres poétiques de M. de Lamartine. 10 vol. in-32, brochés et reliés :
    MÉDITATIONS, 2 vol.   JOCELYN, 2 vol.
    HARMONIES, 2 vol.   CHUTE D'UN ANGE, 2 vol.
    MÉLANGES ET RECUEILLEMENTS POÉTIQUES, 2 vol.

Œuvres de M. Bouilly, Encouragements de la jeunesse, Contes à ma fille, Conseils à ma fille, Contes à mes petites amies, Causeries d'un vieillard, etc., etc. Chaque ouvrage en 2 vol., broché. . . . . . . 7 »
    Demi-reliure en maroquin, tr. jaspée et tr. dorée.
    Reliure en toile avec riche dorure.

Ouvrages de M. Lamé-Fleury, Histoires racontées aux enfants. 15 vol. in-18 à 2 fr. chaque volume.
    BIOGRAPHIE RACONTÉE. 1 vol. . . . . 4 »
    MYTHOLOGIE RACONTÉE, avec gravures. 1 vol. . . . 3 50

Livres de Piété (les plus belles éditions), en reliures riches avec garnitures en bijouterie.

Keepsakes nouveaux.

Choix des plus beaux Livres d'éducation avec Gravures.

Grand Assortiment d'Ouvrages illustrés, brochés et reliés.

<small>Imp. Schneider et Langrand, rue d'Erfurth, 1.</small>

www.ingramcontent.com/pod-product-compliance
Lightning Source LLC
LaVergne TN
LVHW021717080426
835510LV00010B/1010